AF330913

LE

TARIF MINIMUM

DES VINS

Par M. GASTON COURTOIS

PARIS
Janvier 1892

LE

TARIF MINIMUM DES VINS

Il n'est plus douteux que le Gouvernement ne se considère pas comme lié par le tarif minimum ; il avait bien dit le contraire en présentant aux Chambres son projet de loi sur le tarif des douanes. Le tarif minimum était alors « la *limite* des concessions que peut faire chaque industrie pour lutter sans désavantage contre la concurrence étrangère » ; ce n'est plus aujourd'hui qu'une indication, et le Gouvernement ne se croit pas obligé d'en tenir compte ; il s'efforce, par dessus tout, de conclure des traités de commerce ; après quoi, il demandera aux Chambres de voter en deux heures le contraire de ce qu'elles ont voté après de longues et laborieuses discussions.

On peut donc craindre que la viticulture française, qui croyait avoir cause gagnée, ne se trouve bientôt peut-être dans la nécessité de défendre les chiffres du tarif minimum adopté par le Parlement, et de combattre de nouveau ceux que le Ministère avait soutenus.

C'est pourquoi il peut ne pas être sans intérêt de remettre sous les yeux des indifférents ou des hésitants les raisons qui ont déterminé la Chambre et le Sénat à voter, à de fortes majorités, les droits proposés par leurs Commissions des douanes pour les vins étrangers.

I

Et d'abord quelle est la situation de la viticulture en France ?

Tout le monde sait avec quelle rapidité s'est propagé le phylloxéra et les désastres qu'il a causés ; M. de Freycinet disait, il y a quelques mois à Montpellier : « La viticulture, depuis dix ans, perd un milliard chaque année. »

L'on n'ignore pas non plus avec quel courage, quelle persévérance on a lutté et on lutte encore contre le fléau dans quarante départements, ni quels sacrifices et quelles privations ces laborieuses populations se sont imposés pour replanter en cépages résistants plus d'un million d'hectares, impropres pour la plupart à toute autre culture que celle de la vigne.

La reconstitution s'opère avec cette persévérance qu'apporte dans ses entreprises le modeste, l'économe cultivateur français. Mais sa peine sera perdue ; il arrivera ruiné en face de la terre promise, ruiné non par un fléau, mais par son gouvernement, si les mesures de défense, et non de protection, que six millions de Français, qui tirent de la vigne leurs revenus ou leurs salaires, attendent impatiemment depuis plus de six années, leur sont retirées après leur avoir été accordées.

§

Au début de la crise, et pour combler la différence entre la production des vins français diminuée par les ravages du phylloxéra et les besoins de la consommation intérieure, des négociants se mirent à acheter de grandes quantités de vins en Italie et en Espagne ; ce commerce devint bientôt très lucratif ; en effet, sans avoir à supporter d'autres charges qu'un droit de douane fixé à 2 francs par hectolitre par le tarif conventionnel de 1882, et une dépense de 2 fr. 50 par hectolitre également, pour le transport par mer de Valence au Hâvre, ces négociants se procuraient l'équivalent de vins qui, achetés dans le Midi de la France, auraient coûté, pour le seul transport en chemin de fer jusqu'à Paris, 7 fr. 50 par hectolitre ; et ces vins, qu'ils payaient, on va voir quel prix, avaient une force alcoolique supérieure. Ils ne la tenaient pas d'ailleurs de la nature seule.

En effet les vins espagnols n'ont pas en moyenne un nombre de degrés sensiblement plus élevé que les vins français. L'Espagne, il est vrai, a toujours soutenu le contraire ; lors des conférences qui ont précédé le traité de 1882, l'un des délégués espagnols, M. Priéto (M. Tirard l'a raconté) soutint qu'il y avait en Espagne des vins titrant 28 degrés ; il avait évidemment pris cela dans *Don Quichotte*. Néanmoins la richesse alcoolique des vins espagnols fut fixée par le traité au chiffre très élevé de 15 degrés.

Mais, s'il y a en Espagne, comme en France, des vins titrant

15 degrés, il y a aussi en Espagne, comme en France, beaucoup de vins de 7 à 9 degrés et même moins ; et leur quantité relative augmente chaque année, car les vignes les plus atteintes par le phylloxéra sont celles des coteaux, dont le vin est le plus riche en alcool.

Mais le vin de plaine, en Espagne, que vaut-il ? « Les vins de plaine, dit le vice-consul de France à Rosas, dans une lettre qui a été publiée dans le *Recueil de la Commission supérieure du Phylloxéra*, pauvres en couleur, d'une faible teneur alcoolique en dehors de la consommation locale, n'ont qu'un emploi, subir le vinage qui les remonte de 11 à 15 degrés... »

§

C'est, en effet, au *vinage*, que la majeure partie des vins espagnols introduits en France doivent leur richesse alcoolique ; ils sont riches en alcool... artificiel. Or, le vinage est *libre* en Espagne, et tout petit vin destiné à être expédié en France, est remonté de plusieurs degrés par le vinage. Tout résidu est remonté à 15 degrés ; il est de surprenantes mixtures qui servent simplement de véhicule aux alcools étrangers.

C'est ainsi que, de 1882 à 1887, *tous* les vins espagnols importés chez nous titraient 15 degrés, un pur miracle. Les importateurs furent un peu déconcertés, lorsqu'en 1887, M. Palain, directeur général des Douanes, donna l'ordre à ses agents de rechercher à la frontière la présence de l'alcool ajouté aux vins étrangers, afin de le taxer aux droits de l'alcool. Tout-à-coup, tous ces mêmes vins espagnols tombèrent de 15 à 12 ou à 13 degrés, limite au-dessous de laquelle l'addition d'alcool devient difficile à constater, mais limite à laquelle arrive, sans jamais une seule défaillance, toute la production espagnole !

Et l'importation des vins espagnols en France augmentant, l'importation des alcools étrangers en Espagne a suivi une marche parallèle et corrélative. En 1875, l'Espagne avait exporté en France 124,000 hectolitres de vins, et importé chez elle 82,000 hectolitres d'alcools allemands. En 1887, l'Espagne exportait en France 7 millions d'hectolitres de vins, et elle importait d'Allemagne 841,000 hectolitres d'alcool. La circulaire Palain, en entravant dans une certaine mesure ces additions audacieusement exagérées d'alcool aux vins espagnols, avait eu pour effet de restreindre momentanément l'importation en Espagne de l'alcool étranger, mais cette importation reprit bientôt sa marche ascendante. En 1889, l'Espagne a importé en France 7,052,000 hectolitres et a reçu 365,267 hectolitres d'alcools étrangers ; en 1890, 8.002,502 hectolitres ont été exportés en France, et 602,081 hectolitres d'alcools étrangers, importés en Espagne. Encore faut-il remarquer que les douanes espagnoles ne passent pas pour rigoureuses..... La corrélation, on le voit, est persistante.

Le commerce des vins espagnols a donc pris un tel développement parce que le négociant qui introduit chez nous du vin préalablement viné en Espagne, fait une opération scandaleusement fructueuse ; non seulement il gagne 4 fr. 50 sur le coût du transport, mais encore il paie moins cher le vin de 12 ou 13 degrés qu'il n'eût payé en France, chez le propriétaire récoltant, du vin à 10 degrés ; à 2 fr. 50 le degré son bénéfice, de ce chef seulement, est de 7 fr. 50 à 8 fr.

Mais ce n'est pas le seul que lui procure son marché ; car ce vin de 13 degrés, il ne le livrera pas tel quel à la consommation ; il le ramènera, en le mélangeant avec du vin de raisin sec ou simplement avec de l'eau, à 10 degrés environ ; (c'est la teneur à laquelle le palais du Parisien est accoutumé) ; de cinq hectolitres de ce vin espagnol, il en tirera facilement un sixième, qu'il vendra le même prix que les cinq autres.

Voilà le profit que les négociants en vins ont tiré du tarif de 1882, et l'on comprend comment l'importation des vins exotiques en France, rendue nécessaire par l'insuffisance de nos récoltes, a pris un si grand et si rapide développement.

§

La conséquence a été l'avilissement des prix des vins français ; dans la région du Midi. en 1890, les cours ont varié entre 15 et 19 francs l'hectolitre. En 1891, ils sont descendus plus bas, et malgré l'abaissement des cours, les négociants ne font pas d'achats ; ils les ont faits en Espagne, d'où il a été expédié en France, dans l'année 1891, 9,394,385 hectolitres.

Dans les départements du midi, la moitié de la récolte de 1891 est encore dans les caves des propriétaires ; et tous les bulletins des marchés de Cette, de Nimes. de Béziers, de Narbonne, etc.. portent, d'une façon constante, depuis trois mois, qu'il ne s'y fait aucune affaire en vins français.

D'un autre côté, il ne faut pas oublier qu'en même temps qu'ils avaient à lutter contre la concurrence des vins étrangers, (italiens et espagnols jusqu'en 1888, espagnols depuis cette époque) les viticulteurs français devaient dépenser, pour replanter leurs terres, au moins 2000 francs par hectare, renoncer à tout revenu pendant quatre ans, tout en ayant à supporter les frais d'exploitation normaux, et débourser, chaque année, pour se défendre contre le mildew, l'antrachnose, etc... 200 francs par hectare de plus qu'autrefois.

Si cet état de chose se prolonge, ne fût-ce que quelques mois, le découragement arrêtera la reconstitution de notre vignoble, et nous verrons l'ère des ruines et des expropriations s'ouvrir de nouveau pour ceux qui auront fait le plus d'efforts et de sacrifices...

Telle est la situation du vignoble français ; telle elle apparaît à tout esprit sérieux et impartial qui l'étudie, non seulement à travers les statistiques, mais sur place, en s'informant des faits, et en les vérifiant.

II

Un mal aussi grave appelait un remède prompt et énergique ; tout le monde l'a compris, et les libre-échangistes se rendant à l'évidence ont admis, pour la plupart, la nécessité de droits protecteurs.

C'est alors qu'un désaccord s'est produit entre le Ministère et le Parlement ; dans le projet déposé au nom du Gouvernement, les vins étrangers étaient taxés au tarif minimum, à raison de 0 fr. 50 par degré jusqu'à 11°9, et soumis aux droits intérieurs de l'alcool, soit 1 fr. 56 par degré également, à partir de 12 degrés. La Commission des douanes de la Chambre, proposait au contraire 0 fr. 70

par degré jusqu'à 10°9 et au-delà le droit de l'alcool. C'est sur le taux du droit et le chiffre du degré que porta le débat devant la Chambre et devant le Sénat. Sur les deux points, à la Chambre comme au Sénat, le projet de la Commission l'emporta à de fortes majorités, malgré l'opposition du Ministre de l'Agriculture et du Ministre du Commerce.

C'est au-dessous de ce Tarif que le Gouvernement Espagnol demande au Gouvernement Français de descendre, espérant vraisemblablement l'amener, ainsi que le Parlement, à accepter les chiffres de 0 fr. 50 par degré et de 11°9.

§

Or, ces chiffres sont insuffisants pour atteindre le but que tout le monde se propose, qui est de permettre à la viticulture française de lutter sans désavantage contre les vins étrangers, de vivre, et rien de plus.

La démonstration a été faite bien des fois ; elle s'appuie sur des faits et sur des chiffres.

Et d'abord quel est le degré moyen des vins français ? Ce n'est assurément pas 12. Il y avait bien, avant le phylloxéra, quelques coteaux de l'Aude et du Roussillon qui donnaient du vin à 16 degrés ; mais ces coteaux ne portent plus de vignes, et il s'écoulera quelque temps avant qu'ils ne soient replantés. D'après M. Wurtz, les vins du Bordelais montent souvent à 11 degrés ; mais ils descendent quelquefois à 7°15 ; et il y a des Bourgognes qui pèsent 7°66. Les vins d'Aramon, que l'Hérault produit en si grande quantité, ne dépassent pas 8°5. D'autre part, les vignes jeunes donnent, on le sait, un vin sensiblement plus léger que les vignes plantées depuis longtemps ; or, la majeure partie du vignoble français sera, pendant de longues années, composée de vignes jeunes ; de sorte qu'on ne peut évaluer à plus de 10°5 la richesse alcoolique moyenne des vins français.

Il ne serait évidemment pas juste de trop s'éloigner de cette moyenne, puisque ce sont les intérêts français qu'il s'agit de défendre, et que plus l'écart sera grand entre la limite alcoolique de douane et le titre le plus bas des vins français, plus seront favorisés au détriment des propriétaires français les fabricants de vins espagnols.

§

C'est pourtant dans l'intérêt des petits vins que, d'après M. le Ministre de l'agriculture, cette limite alcoolique devrait être portée à 11°9. Les vins de 11°9 sont nécessaires, disait-il à la tribune de la Chambre, pour le coupage des petits vins français qui ne sont pas livrés à la consommation tels qu'ils sont récoltés. C'est, à vrai dire, le seul argument tiré des intérêts de la viticulture qu'il ait invoqué.

Mais il n'est que spécieux, et la réponse est facile : « Nous sommes, disent les viticulteurs, meilleurs juges que qui que ce soit de la destination que peuvent recevoir nos petits vins. Nous savons surtout, mieux que personne, qu'en 1879, et dans les années précédentes, alors qu'il entrait en France 1,200,000 hectolitres au maximum de vins espagnols par an, nos petits vins se vendaient et même se vendaient mieux ; nous savons que les prix payés par le consommateur n'étaient pas plus élevés qu'aujourd'hui, que le vin vendu au détail n'était pas additionné d'eau et d'alcool artificiel, et que par conséquent tout le monde était satisfait. Aujourd'hui, le phylloxéra a achevé son œuvre de destruction. La France va avoir dans trois ans autant de vignes qu'autrefois. Si le commerce a besoin de vins de coupage, il les trouvera en France, comme il les y trouvait avant l'invasion du phylloxéra ; il faut donc opposer une digue à ce torrent de vins exotiques qui, en même temps qu'il fournit au commerce ses vins de coupage, additionnés de toutes sortes d'alcools, et avilit ainsi les cours de nos beaux vins, rend nos petits vins sans emploi. Or, la limitation à 11°,9 est insuffisante, parce qu'elle laissera entrer en France, malgré les droits, une quantité de vins espagnols portés à ce degré par le vinage, qu'on peut évaluer sans exagération au quadruple de ce qui entrait en 1879 ».

Ce raisonnement est irréfutable, et montre bien que, dans cette question, les intérêts de tous les producteurs de vins, à quelque région qu'ils appartiennent, sont solidaires.

§

Mais laissons les raisonnements de côté; et venons aux chiffres.

Si ceux du gouvernement sont définitivement adoptés, qu'arrivera-t-il? La démonstration a été faite devant le Parlement, et on n'y a répondu que par des allégations vagues ou par des considérations à côté.

Supposons d'abord un vin d'Espagne *naturel* pesant 11°9; combien coûtera-t-il en Espagne? Au commencement de janvier 1892, les vins de cette catégorie se payaient, en Andalousie, 12 fr. 50 l'hectolitre; à Quintana del Pidio (Burgos) on en trouvait à 8 fr. 50 l'hectolitre, riches en couleur; pour 13 fr. 50 l'hectolitre, on achetait, à Almonacid de la Sierra, des vins titrant 15 degrés nature. On peut donc évaluer à 12 francs le prix moyen des beaux vins de 11°9 en Espagne. A raison de 50 cent., ces vins paieront 6 francs de droits de douane, et seront transportés par mer à Paris, moyennant 3 francs l'hectolitre. Le négociant français aura donc pour 21 francs, rendu à Paris, un vin pesant près de 12 degrès.

Or, pour transporter à Paris d'un département du Midi un hectolitre de vin analogue au point de vue de la teneur en alcool, il aurait dû payer 7 fr. 50 par hectolitre. Il n'achètera donc de ce vin en France qu'autant que, le transport compté, il le paiera 21 fr., soit 14 fr. environ l'hectolitre pris à la cave du récoltant; voilà à quel prix se trouvent réduits, avec les chiffres de 0 fr. 50 c. et de 11°9, des vins qui, en France, sont considérés comme riches en alcool.

Prenons maintenant le chiffre de 0 fr. 70 par degré et la limite de 10°9. Le même vin d'Espagne coûterait, rendu à Paris, 23 fr. 56; du même coup le cours du vin français similaire, au point de vue alcoolique, remonterait à 16 fr.

Or, avant l'invasion du phylloxéra, les vins de cette nature, en France, se payaient à la propriété 26 francs l'hectolitre au minimum; et aujourd'hui, à raison de l'augmentation du prix de revient, ce prix de 16 fr. ne laisse place pour le producteur à aucun bénéfice.

Voilà ce que le Tarif minimum offre à la viticulture française!

Il ne lui assure même pas l'égalité avec le producteur étranger; elle la laisse visiblement en état d'infériorité vis à vis de lui! Et on lui en marchande l'application!

§

Mais il y a un autre aspect de la question à envisager.

L'on sait en effet, qu'en Espagne le vinage est libre. A vrai dire les droits sur l'alcool sont au total de 0 fr. 42 par degré. Pour élever un vin espagnol de 1 degré, en vue de le porter à la limite du Tarif minimum, soit 10°,9, il faudra donc débourser 0 fr. 42. Or, en France, la même opération aurait coûté 1 fr. 56 ; différence : 1 fr. 14 par degré.

Au Tarif minimum, ce vin, ainsi remonté en Espagne, paiera pour ce degré supplémentaire un droit de douane de 0 fr. 70. Il y aura donc encore un bénéfice de 0 fr. 44 pour l'importateur.

Telle est la prime que ce tarif lui assure sur les droits seuls de la régie; il frappe le produit français d'une défaveur de 29 o/o rien que sur les contributions qu'il paie à l'Etat?

Mais si l'Etat est en perte, si le viticulteur est en perte, combien grand au contraire est le gain du marchand espagnol et du marchand français !

Voyons ce que ce vin alcoolisé, transporté à Paris, donne de bénéfice au négociant importateur :

Son transport coûte 4 fr. 50 de moins par hectolitre que celui d'un vin français ; en raison de sa faible teneur alcoolique originaire, le négociant l'a acheté à très bas prix, comme nous l'avons démontré plus haut ; il l'aura acheté 6 francs de moins qu'il ne l'eût payé en France.

En déduisant le déboursé fait pour le vinage, soit 45 c., il aura un bénéfice de 10 francs au minimum ; or la douane française, pour ce vin porté à 10°-9, lui demande, à raison de 0 fr. 70, 7 francs par hectolitre! L'on voit que, même dans le système de tarification voté par le Parlement, il n'y a point parité entre les vins étrangers et les nôtres.

Maintenant supposons appliqué le tarif qu'avait proposé le Gouvernement; il faudra ajouter au bénéfice résultant du vinage la différence entre 0 fr. 70 et 0 fr. 50, soit 0 fr. 20 par degré ; le bénéfice sera donc *de ce chef* de o fr. 64 au lieu de o fr. 44 ; et comme l'importateur aura une marge d'un autre degré pour atteindre 11°-9, il gagnera encore sur cette addition d'alcool *faite en Espagne*, deux fois o fr. 64, soit 1 fr. 28.

Les autres chiffres restant les mêmes, (transport, prix d'achat..) le négociant importateur, introduisant en France ce vin porté par le vinage à 11°-9, et payant o fr. 50 par degré, réalisera un bénéfice de 4 fr. 40, en dehors de celui qu'il aura réalisé en vinant son vin en Espagne.

On ne peut vraiment pas soutenir sérieusement qu'un pareil régime, s'il était adopté, conduirait au but qu'on poursuit, qui est de permettre les producteurs français de lutter sans désavantage contre la concurrence des vins étrangers.

§

Que l'on considère enfin qu'en faisant entrer en compte o fr. 42 par degré d'alcool, nous avons supposé que ce droit était acquitté ; mais cela, en Espagne, n'arrive pas toujours ; il y a des accommodements avec le fisc.

Les choses changeront-elles parce que, dans le nouveau tarif que le Gouvernement Espagnol vient de publier, figure un droit de douane de 160 francs par hectolitre d'alcool ? On peut en douter ; l'élévation de ce droit sera une prime à la fraude qui, dans ce pays, se laisse facilement encourager.

Et puis, à défaut d'alcool étranger, s'il est l'objet d'une prohibition effective, il y aura l'alcool espagnol, dont les droits protecteurs favoriseront la fabrication ; la question restera donc toujours la même.

§

Mais, dit-on, il y a peu de vins en Espagne qui soient naturellement d'un degré assez bas pour supporter une addition de 1 ou 2 degrés d'alcool.

Ceci est une pure fable ; nous avons déjà vu qu'il y avait au contraire une notable quantité de petits vins en Espagne.

Mais il faut qu'on sache qu'on alcoolise également des vins de 11 degrés, et qu'on a intérêt à le faire.

On n'ignore pas, en effet, que le vin ne contient pas seulement de l'alcool et de l'eau ; il entre encore dans sa composition, entre autres substances, des éléments qui se solidifient par la dessication ; c'est ce qu'on appelle l'extrait sec. Or, il existe, entre la quantité d'alcool contenue dans un vin et celle de l'extrait sec, un rapport défini, que la loi douanière a fixé de la façon suivante : pour un degré d'alcool, un vin doit contenir 2 grammes d'extrait, moins 2/20ᵉ ; c'est-à-dire qu'un vin de 10 degrés doit avoir environ 18 grammes d'extrait sec.

Mais, dans la réalité, les vins espagnols, comme les vins français d'ailleurs, contiennent une quantité d'extrait sec bien supérieure à cette proportion. Elle atteint parfois 36 ou 38 grammes.

Voici ce qui se pratique, grâce à cette différence : à 1 hectolitre de vin contenant, pour 10 degrés d'alcool, 30 grammes d'extrait sec, on ajoute la quantité d'eau suffisante pour abaisser son titre de 3 degrés par exemple ; et le titre alcoolique de ce vin devient ainsi inférieur à celui que suppose la quantité d'extrait sec qu'il contient, d'après la proportion admise par la loi douanière. L'on a ainsi fait place, en quelque sorte, à plusieurs degrés d'alcool supplémentaire, sans que cette addition puisse être reconnue.

On a vu ce que coûtait cette addition d'alcool ; tout compte fait, e négociant qui se livre à cette opération augmente d'un tiers environ la quantité de vin qu'il a achetée, et relève son degré alcoolique, pour ainsi dire, sans bourse délier.

Le vinage, on le voit, s'applique en Espagne à toutes sortes de vins. Mais sous quelque forme, et dans quelques conditions qu'il soit pratiqué, il est évident qu'il sera d'autant plus facile et fructueux pour le négociant qui s'y livre, et d'autant plus préjudiciable à la production française, que la limite, au-delà de laquelle les vins étrangers seront considérés comme alcoolisés artificiellement, sera plus élevée.

A tous les points de vue par conséquent, les chiffres auxquels on voudrait ramener le Gouvernement, ne fourniraient à la viticulture française qu'une protection absolument inefficace.

§

Ces chiffres seraient inefficaces pour une autre raison ; le bénéfice fait sur le change par l'importateur de vins espagnols en
France est tel qu'il réduira dans une très forte proportion le droit de
douane perçu à nos frontières. Le change pour l'Espagne, qui était
de 4 o/o en 1890, est monté récemment à 15 o/o ; si donc l'on veut
que l'effet du droit de douane ne soit pas annihilé par le taux du
change, il faut adopter des chiffres qui empêchent l'importateur
en France, lorsqu'il touche le prix de sa marchandise, de retrouver
ce qu'il paie à la frontière.

§

En fixant la limite alcoolique à 10°9, ce n'est pas seulement la
viticulture que le Parlement a voulu défendre ; il a encore eu en vue
les intérêts du Trésor, dont, chose singulière, aucun des ministres
n'a paru s'occuper. Les fraudes qui se pratiquent par le dédouble-
ment et le mouillage représentent pourtant des sommes considé-
rables.

En effet, les vins, tels qu'ils sont consommés, pèsent en général
9 degrés et rarement 10 ; tout ce qui dépasse 10 est une prime au
mouillage. Ce qui se passe à Paris, depuis 1881, c'est-à-dire depuis
l'invasion des vins exotiques à titre alcoolique élevé, le démontre à
l'évidence : En 1881, la consommation par tête était de 225 litres ;
en 1882, de 215 ; en 1883, de 208 ; en 1884, de 207 ; en 1885, de
199 ; en 1886, de 196 ; en 1887, de 186 ; en 1888, de 189 ; en 1889,
(année de l'Exposition), de 205 ; en 1890, de 195.

La consommation *taxée* a donc baissé à Paris, de 1881 à 1890,
de 60 litres par tête d'habitants, alors que la consommation *réelle*
augmentait. A Lyon, dans l'espace de 7 années, de 1881 à 1888,
et pendant que la population passait de 376,000 à 400,000 habitants, augmentant ainsi de 6,4 o/o, la consommation *taxée*
diminuait de 123,645 hectolitres, soit de 16,7 o/o.

Ces diminutions, qui proviennent des additions d'eau pratiquées
après paiement des droits, représentent, pour la ville de Paris,

une perte de 14,406,741 fr., et pour le Trésor, une perte de 11,591,677 fr., par année.

En ce qui concerne Lyon, le Maire de cette ville évalue à 970,000 fr. la perte subie sur les recettes par année.

D'après ces deux exemples, on voit que, si les intérêts des viticulteurs, sont sacrifiés par la limite de 11°9, ceux de l'Etat et des villes ne le sont pas moins, et cela au profit d'étrangers dont la sympathie est fort douteuse.

A côté des intérêts du Trésor et des finances de nos villes, il y a aussi l'intérêt de l'hygiéne publique ; les mixtures que l'on boit à Paris sous le nom de vin, c'est de l'alcool industriel, de l'eau et des colorants ; et l'on est trop heureux quand dans cette eau se trouvent quelques centimètres cubes d'un liquide ayant été du vin plusieurs mois auparavant ; cela est connu.

§

On ne réclame donc du Gouvernement qu'un acte de stricte justice, quand on lui demande de ne pas se laisser guider par des considérations sentimentales de sympathie politique, et d'appliquer rigoureusement le tarif maximum, avant de rien changer aux chiffres votés par les Chambres. L'Espagne demandera alors, comme une gràce, l'application du tarif minimum ; car il ne s'y faut pas laisser tromper : Les seuls intérêts qui soient en opposition avec ceux de la viticulture, ce sont les intérêts des fraudeurs et des falsificateurs, non pas ceux de l'Espagne et des propriétaires Espagnols, mais ceux des Espagnols... de Bercy.

L'Espagne continuera à envoyer ses vins en France ; dans, quel pays en effet les vendrait-elle ?

D'après la statistique officielle, en 1890, elle avait exporté : en France, 8,002,502 hectolitres ; 105.605 hectolitres, en Angleterre ; 127.461 hectolitres dans le reste de l'Europe et en Afrique ; 466.105 hectolitres à Cuba et Porto-Rico ; 470.858 hectolitres en Amérique.

Où l'Espagne pourrait-elle trouver, en |dehors de la France, un débouché pour ses vins ?

Où surtout le trouverait-elle dans des conditions plus avantageuses ! Partout en effet les tarifs de douane sur les vins sont plus élevés que le tarif minimum français : un hectolitre de vin à 13 degrés paiera 11 fr. 68 à son entrée en France ; mais il devra payer : en Angleterre 27 francs, en Allemagne 30 francs, dans la République Argentine 40 francs, et 60 francs aux Etats-Unis. Si l'Espagne obtient de l'Allemagne l'application des tarifs de faveur concédés à l'Italie, ses vins de coupage paieront, pour entrer en Allemagne, 12 fr. 50, et les autres 25 francs.

Ainsi les droits votés par le Parlement n'empêcheront pas les belles qualités de vins d'Espagne d'entrer en France ; ils n'arrête-ront que les produits frelatés qu'on fabrique en Espagne, au grand détriment de la bonne réputation commerciale de nos voisins.

Qui osera s'en plaindre ?

§

Le maintien du tarif minimum n'est pas seulement réclamé par les viticulteurs, il l'est aussi par les négociants en vins; les chambres de commerce de Perpignan, de Carcassonne, de Nimes, les syndi-cats du commerce en gros des vins de Montpellier, Narbonne, et des principales villes du midi ont récemment pris des délibérations, ou émis des vœux protestant contre toute modification aux chiffres votés par les Chambres.

§

Un dernier mot. Si le Tarif minimum des vins était modifié, il y aurait de nouveau pour la viticulture française, comme le disait récemment M. Griffe, deux Amériques.

Car l'Italie réclamerait pour elle le traitement qu'aurait obtenu l'Espagne. Partout, en effet, elle paye un droit plus élevé qu'en France ; pour vendre ses vins à l'Allemagne, qui est pourtant son alliée, elle a à supporter un droit de 12 fr. 50 par hectolitre au minimum. Elle serait heureuse de nous envoyer *tous* ses vins ; (Elle se dispose à nous les vendre, en subissant le tarif maximum !)

Ce traitement de faveur, elle le réclamerait en invoquant une ancienne amitié et des considérations politiques, et ce que nous aurions accordé à nos voisins du Sud-Ouest, pourrions-nous le refuser à ceux du Sud-Est ?

Enfin, c'est de toutes parts que des nouvelles brèches seraient pratiquées dans nos frontières douanières ; car tous les pays producteurs de vins prétendraient obtenir de nous le traitement de la nation la plus favorisée.

Telles seraient les conséquences des modifications que le Gouvernement a paru disposé à faire subir au tarif minimum des vins en faveur de l'Espagne. La ruine du vignoble français serait complète et irrémédiable.

§

Concluons.

Que demandent les viticulteurs ?

D'être protégés? d'obtenir un traitement de faveur ? Non.

Leur prétention est plus modeste. Ils veulent simplement *pouvoir vendre leurs vins en France ;* et pour cela ils demandent au gouvernement de faire supporter aux vins Espagnols une partie des charges qui grèvent les nôtres, de façon que la lutte ne soit pas inégale, et désastreuse pour les intérêts français. Ce qu'ils réclament en un mot ce n'est pas d'être, dans leur propre pays, plus favorisés que les étrangers; ce n'est pas même d'être soumis au même traitement qu'eux, mais simplement de pouvoir *vivre* à côté d'eux.

Gaston COURTOIS.

Paris, janvier 1892.

3029. — Imp. BOUQUET, 18, rue d'Enghien.

3029. — Imp. BOUQUET, 18, rue d'Enghien.